100 Jahre 100 Bilder

100 Jahre 100 Bilder

Köln im 20. Jahrhundert

Herausgegeben von
Michael Wienand

unter Mitwirkung von
Carl Dietmar
Jost Dülffer
Michael Euler-Schmidt
Tanja Ohde

Wienand Verlag Köln

Dank

Zur Entstehung dieses Buches, das den Blick zurück, quasi in einer Tour d'horizon, möglich macht, haben viele Menschen aus dieser Stadt beigetragen: Gedankt sei an dieser Stelle Prof. Dr. Jost Dülffer und Dr. Michael Euler-Schmidt für ihren kreativen Impetus bei der Erstellung des Konzepts, ihnen und besonders Dr. Carl Dietmar für ihre sachkundige und engagierte Begleitung bei der Umsetzung, Werner Neite für die vielen Anregungen und Hinweise zu weniger bekannten Motiven, den Kölner Fotografen, den Sammlern Dr. Peter Ditgen und Dr. Erhard Schlieter, dem Rheinischen Bildarchiv und dem Historischen Archiv der Stadt Köln für die Hilfe bei der Suche nach geeigneten Motiven und der Bereitstellung zahlreichen Materials aus ihren Sammlungen.

Hervorzuheben ist die großzügige Unterstützung der Firmen Art Publishing und Schneidersöhne, die der Qualität dieses Buches in besonderer Weise zugute gekommen ist.

Nicht zuletzt bin ich Tanja Ohde und meinen Mitarbeiterinnen Susanne Brandau und Martina Dammrat zu Dank verpflichtet, die mit Sachverstand, Tatkraft und Kreativität zum Gelingen dieses Bandes beigetragen haben.

Vorwort

Kaum eine andere Stadt in Deutschland wird von ihren Bewohnern so geschätzt, ja geradezu geliebt, wie Köln. Offensichtlich finden die Bürger hier ein Maß an Lebensqualität und die Möglichkeit zur restlosen Identifikation, wie sie andernorts nur selten anzutreffen ist.

Köln, die ehrwürdige *Colonia Claudia Ara Agrippinensium*, römische Gründung, mittelalterliche Wirtschaftsmetropole, das „hillige Koellen" mit seinem Dom und berühmten Kirchen, mit den Heiligen Drei Königen und den 11000 Jungfrauen im Stadtwappen, Stadt der Kunst und des Karnevals, heute eine Stadt der Medien an der Schwelle zum dritten Jahrtausend – Zeit sich zu besinnen, Zeit zurückzublicken.

In 100 Bildern wird in diesem Buch die Geschichte Kölns im 20. Jahrhundert erzählt – oder besser gesagt: 100 Bilder erzählen 100 Geschichten, die die Menschen bewegten, für jedes Jahr eine. Das Leben in einer Kommune wird nicht nur von der großen Weltpolitik bestimmt. Häufig sind es mehr die Geschichten und Persönlichkeiten rund um die Domspitzen, die im Gedächtnis der Bürger bleiben und ihr persönliches Bild von der eigenen Vergangenheit prägen. Das war unser Anliegen: Themen aus Politik, Beruf, Verkehr, Unterhaltung, Sport, Kunst, Kirche, Karneval und nicht zuletzt dem berühmt-berüchtigten Klüngel zu finden und mit Bildern und Texten zu belegen, wie sich unsere Gesellschaft in den letzten 100 Jahren verändert hat. Das war kein leichtes Unterfangen. In der ersten Hälfte des Jahrhunderts, geprägt von Kriegen, Katastrophen und Erschütterungen wie nie zuvor, war häufig niemand mit der Kamera dabei, um wichtige Ereignisse festzuhalten. In der zweiten Hälfte erleben wir alle eine nie geahnte wirtschaftliche Prosperität, verbunden mit materiellen, geistigen und politischen Freiheiten, die eine Auswahl der Themen, die für uns als besonders wichtig und aufbewahrenswert gelten, erschwert.

So ist ein Buch entstanden, in dem vor allem Menschen im Mittelpunkt stehen; Menschen, die unser Bild von Geschichte prägen. Die Bilder künden vor allem von ungebrochenem Lebensmut und Lebenslust, kölschem Humor sowie einem nie versiegenden Optimismus der Menschen – Eigenschaften, die den Kölnern auch in schlimmsten Zeiten zugute kommen.

Daher möchte ich das Buch zwei Menschen widmen, die für mich dieses Jahrhundert verkörpern: meinem Vater Adam Wienand (1903–1997), Drucker und Verleger in Köln, der den Ersten Weltkrieg erlitt und im Zweiten Weltkrieg dreimal „ausgebombt" wurde und dreimal wieder von vorne anfing; sodann Willy Millowitsch (1909–1999), der wie kein zweiter das kölsche Lebensgefühl verkörperte. Ich durfte zwei Bücher mit ihm verlegen, er starb bei Druckbeginn dieses Buches.

Michael Wienand

100 Jahre

„Köln ist nicht mehr Köln! Jeder geborene Kölner wird sich dieser Redensart als einer stehenden Lieblingsphrase aus dem Munde seiner Großeltern oder seiner Eltern erinnern. Ja, Köln ist nicht mehr Köln, wie es noch zu Anfang dieses Jahrhunderts war. In ihrer ganzen äußeren Erscheinung, in allen ihren kommerziellen und industriellen und daher in allen ihren sozialen Verhältnissen ist die Stadt eine völlig andere geworden.“ Der Realschullehrer Ernst Weyden hat diese Sätze formuliert – und zwar schon im Jahr 1860. Weyden (1805 – 1869) veröffentlichte damals seine Kindheitserinnerungen, eine Beschreibung des alten Köln und des Kölner Alltagslebens, im ausgehenden 18. Jahrhundert.

Wer heute in Köln auf das 20. Jahrhundert zurückblickt, der kann sich die Weydenschen Sätze bedenkenlos zu eigen machen; schon im äußeren Erscheinungsbild Kölns ist nur sehr wenig geblieben, was an die Stadt erinnert, die den Jahreswechsel 1899/1900 als Aufbruch in ein neues Zeitalter feierte.

„Cöln“, wie die offizielle Schreibweise besagt, ist damals preußische Festungsstadt, eingeschnürt von einer imposanten Fortifikation, die im Deutschen Reich ihresgleichen sucht. Erst zwölf Jahre zuvor (1888) hatte man – mit der Eingemeindung von Deutz und Poll – den Schritt über den Rhein gewagt. Die neue Großstadt befindet sich in einem gewaltigen Umbruch: Entlang der Ringe, wo bis 1881 die alte Stadtmauer gestanden hatte, wird die Neustadt angelegt, die Ringe selbst sind zu einem weiträumigen Boulevard ausgebaut worden, der von repräsentativen Bauten wie dem Opernhaus und prachtvollen Wohnhäusern geprägt ist. Neue Kirchen, etwa St. Agnes, werden gebaut, am Hansaring wird die Handelshochschule eingeweiht, die Vorgängerin der Kölner Universität. Der Industrialisierung- und Urbanisierungsprozeß hat auch das Umland erfaßt und Vororte mit verschiedenen Funktionen entwickelt, etwa Ehrenfeld und Nippes, in letzterem Fall als Standort der „Central-Werkstätten“ der Rheinischen Eisenbahn, oder auch Deutz als Standort des Motorenbaus, genannt sei die von Nikolaus August Otto gegründete „Gasmotorenfabrik Deutz“. Der technische Fortschritt zieht nicht zuletzt mit der Elektrizität in die Stadt ein, Wasser- und Gaswerke werden errichtet, ein umfassendes Kanalnetz gebaut, seit 1901 fährt die elektrische Straßenbahn durch die Stadt. 1894 ist der neue Hauptbahnhof eingeweiht worden – und 1915 verbinden schon drei Brücken die links- und rechtsrheinischen Stadtteile.

Die gesellschaftlichen Verhältnisse sind dagegen noch immer von „Klassengegensätzen“ geprägt – die Arbeiterschaft ist zur stärksten Bevölkerungsgruppe angewachsen, vom wirtschaftlichen Aufschwung profitiert sie dagegen nicht, weite Kreise leben in tiefster Armut, Folge der rückständigen Sozialpolitik, miserabler Arbeitsbedingungen und von Löhnen, die knapp über dem Existenzminimum liegen; auch politisch ist die Arbeiterschaft durch das preußische Dreiklassenwahlrecht benachteiligt, erst seit 1917 ist die SPD im Stadtrat vertreten.

1914 bricht der Erste Weltkrieg aus, die Nachricht, die Reichsregierung habe Rußland und den Westmächten den Krieg erklärt, wird auch von der Kölner Bevölkerung in einem Taumel nationaler Begeisterung aufgenommen. Doch schnell tritt Ernüchterung ein – eine katastrophale Ernährungslage, Hungerdemonstrationen, Aufläufe und Streiks bestimmen das Bild der Kriegsjahre. Nach Waffenstillstand, Revolution und dem Zusammenbruch des Kaiserreichs wird das Rheinland – eine Bestimmung des Versailler Vertrages – von britischen Truppen besetzt, bis zum Januar 1926 hat auch Köln eine britische Garnison, mit der man sich im Laufe der Jahre allerdings auf eine verträgliche „Koexistenz" verständigt, nicht zuletzt ein Verdienst der pragmatischen Politik des seit 1917 amtierenden Oberbürgermeisters Konrad Adenauer. In seiner Amtszeit, die von Inflation, Schuldenkrise, Weltwirtschaftskrise und politischer Destabilisierung überschattet ist, werden in Köln zukunftsweisende Entscheidungen getroffen und Maßnahmen beschlossen, die noch heute wirksam (und sichtbar!) sind – genannt seien vor allem die Gründung von Universität und Messe, die Ansiedlung der Fordwerke und des Westdeutschen Rundfunks, der Ausbau des Flughafens Butzweiler Hof, die Anlage großzügiger Sportstätten in Müngersdorf sowie die Anlage des Grüngürtels (anstelle der Befestigungsanlagen, die geschleift werden müssen) und schließlich der Bau der Mülheimer Brücke. Mülheim gehört seit 1914 zu Köln – die Bevölkerungszahl der Stadt hat sich durch die Eingemeindungen der Jahre 1910 (Kalk und Vingst), 1914 (Mülheim und die Landgemeinde Merheim) und 1922 (Bürgermeisterei Worringen) auf 675 000 erhöht, flächenmäßig ist Köln nach Berlin die zweitgrößte Stadt des Deutschen Reiches.

Die Wirtschaftskrise am Ende der 20er Jahre führt indessen auch in Köln – 1932 sind mehr als 110 000 Menschen in der Stadt ohne Arbeit – zu einer politischen Radikalisierung; auch in Köln wachsen die Stimmenanteile der Nationalsozialisten, die Adenauer im März 1933, sechs Wochen nach Hitlers Machtergreifung, aus dem Amt jagen. Die bis heute weitverbreitete Ansicht, die Nazis hätten in Köln nie so recht Fuß fassen können, ist falsch – auch in dieser Stadt gelingt es ihnen, ihre Herrschaft rasch zu etablieren und zwölf Jahre lang relativ unangefochten auszuüben, die „Gleichschaltung" verläuft ebenso reibungslos wie in anderen Städten. Als Hitler nach der Rheinlandbesetzung im März 1936 in Köln einzieht, wird er von der Bevölkerung begeistert empfangen. Nach einem weiteren Besuch im Jahre 1938 sagt der „Führer", er sei in keiner anderen Stadt so gefeiert worden wie in Köln. Die Erfolge des NS-Systems – Rückgang der Arbeitslosigkeit, wirtschaftlicher Aufschwung, die Olympischen Spiele, Rheinlandbesetzung und Eingliederung Österreichs – beeindrucken weite Bevölkerungskreise, so daß etwa der Terror gegen die Juden, ihre systematische Entrechtung, Verfolgung und schließliche Vernichtung, hingenommen wird. Der Kriegsausbruch im September 1939 löst indessen keine Begeisterung aus; mit Beginn des Luftkrieges ändert sich die Situation der Bevölkerung dramatisch – keine andere Stadt wird im Laufe des Zweiten Weltkrieges so oft bombardiert wie Köln; im März 1945, als die Amerikaner die Stadt besetzen, sind mehr als 90 Prozent der Innenstadt zerstört.

1945 – das Jahr Null. Wieder soll es Adenauer richten, die Briten setzen ihn allerdings nach wenigen Monaten als Oberbürgermeister ab, „wegen Unfähigkeit“, so die offizielle Begründung, Beginn einer späten überregionalen Karriere, die den Geschaßten zum ersten Kanzler der Bundesrepublik werden läßt. „Köln wird wieder auferstehen“, heißt es im April 1945 in einer Reportage des von den Amerikanern herausgegebenen „Kölnischen Kuriers“ – und in der Tat: Aus einem „der größten Trümmerhaufen der Welt“ wird eine Stadt, die in vieler Hinsicht – nicht zuletzt eine Folge oft übereilten Wiederaufbaus – nicht mehr den baulichen Charme der Vorkriegszeit hat. Zunächst heißt es, Trümmer zu beseitigen, im Oktober 1946 wird erstmals wieder ein Stadtparlament gewählt, zugleich regt sich die zarte Blüte neuen kulturellen Lebens, 1948 feiert die noch in Trümmern liegende Stadt den 700. Jahrestag der Grundsteinlegung des Doms, ein Jahr später geht der erste Nachkriegs-Rosenmontagszug durch die geräumten Straßen. 1950 feiern die Kölner wieder selbst – im notdürftig renovierten Gürzenich geht der Festakt „1900 Jahre Köln“ über die Bühne, der an die Verleihung der Stadtrechte im Jahre 50 n. Chr. erinnert. 1956 wird Theo Burauen zum Oberbürgermeister gewählt – er verkörpert wie kein anderer den Wiederaufstieg der Stadt, die auch davon profitiert, daß der Kölner Konrad Adenauer Bonn zur Bundeshauptstadt gemacht hat.

In den 50er Jahren endet die Nachkriegszeit – die Sechziger und Siebziger bringen frischen Wind; grenzenlose Fortschrittsgläubigkeit macht sich breit. Ein Sonntag im Oktober 1973 gibt vielen Menschen indessen zu denken; der erste autofreie Tag im Leben vieler Kölner – Anstoß zu kritischer Reflexion?

Mit den 70er Jahren setzt die Phase von Rezession und Stagnation ein – die kommunale Finanzlage verschlechtert sich, Mitte der 90er Jahre haben die städtischen Schulden die Höhe des jährlichen Etats erreicht. Die Arbeitslosigkeit liegt über Jahre hinweg weit über zehn Prozent. Kölns Anziehungskraft für Besucher aus aller Welt leidet allerdings nicht, im Gegenteil: Die Stadt mit ihrer unvergleichlichen Museumslandschaft – das 1986 eingeweihte Museum Ludwig ist darunter das „Sahnehäubchen“ – verzeichnet jährlich mehr als zwei Millionen Übernachtungen Auswärtiger. Und dem Umzug der Regierung nach Berlin steht man in Köln einigermaßen gelassen gegenüber, wie heißt es doch hierzulande so schön sebstbewußt? „Kölle bliev Kölle.“

Wie wird Köln am Ende des 21. Jahrhunderts aussehen? „Keine Generation hatte je so wenig Ahnung von der Zukunft wie die gegenwärtige“, hat der Kulturphilosoph Hermann Lübbe einmal gesagt. Versagen wir uns also diesen Blick nach vorn – möglicherweise aber, das ist vorstellbar, blickt im Jahre 2099 ein Autor ebenso wehmütig wie Weyden auf das „alte“ Köln zu Beginn seines Jahrhunderts zurück.

Carl Dietmar

100 Bilder

1900 **Kölle Alaaf nach der Jahrhundertwende**

„Zwei Jahrtausende rheinischen Lebens" feiern die Kölner am ersten Rosenmontag des neuen Jahrhunderts. Der römische Kaiser Trajan mit seinem Triumphwagen darf ebensowenig fehlen wie die kaiserlichen Pickelhauben. Klein und Groß, Arm und Reich versammelt sich auf dem Neumarkt im Herzen Kölns in seinen besten Kleidern, um das neue Jahrhundert auf kölsche Art zu begrüßen. Im Hintergrund St. Aposteln in ihrer ganzen Pracht.

1901 **Väterchen Frost grüßt Vater Rhein**

Stadt am Strom: Seit Urzeiten ist der Rhein die Lebensader Kölns. Waren, Menschen, Völker kamen den Fluß herauf und herab, raubten Altes und brachten Neues. Eisgang bringt die Schiffahrt häufig zum Erlingen.

Neben den Lastkähnen sind auch Badeschiffe fest am Ufer vertäut. Nur wenige Wohnungen der Rheinstadt besitzen den Luxus eines eigenen Bades, und so leisten die schwimmenden Badeanstalten einen wichtigen Beitrag zur Hygieneversorgung der Kölner.

1902 **Einkaufen als Erlebnis – das Warenhaus Tietz**

Eine neue Form des Einkaufsbummels beschert den Kölnern Leonard Tietz: Am 6. Dezember öffnet die „Tietz-Passage“ nach Pariser Vorbild zwischen Hohe Straße und An St. Agatha ihre Pforten. Erstmals wird den staunenden Kunden in dem eindrucksvollen Jugendstilbau mit Glaskuppel und elektrischer Beleuchtung ein volles Warensortiment geboten. Die Kölner sind von der Glitzerwelt des Konsums begeistert. Schon 1914 weicht die Passage einem größeren Neubau.

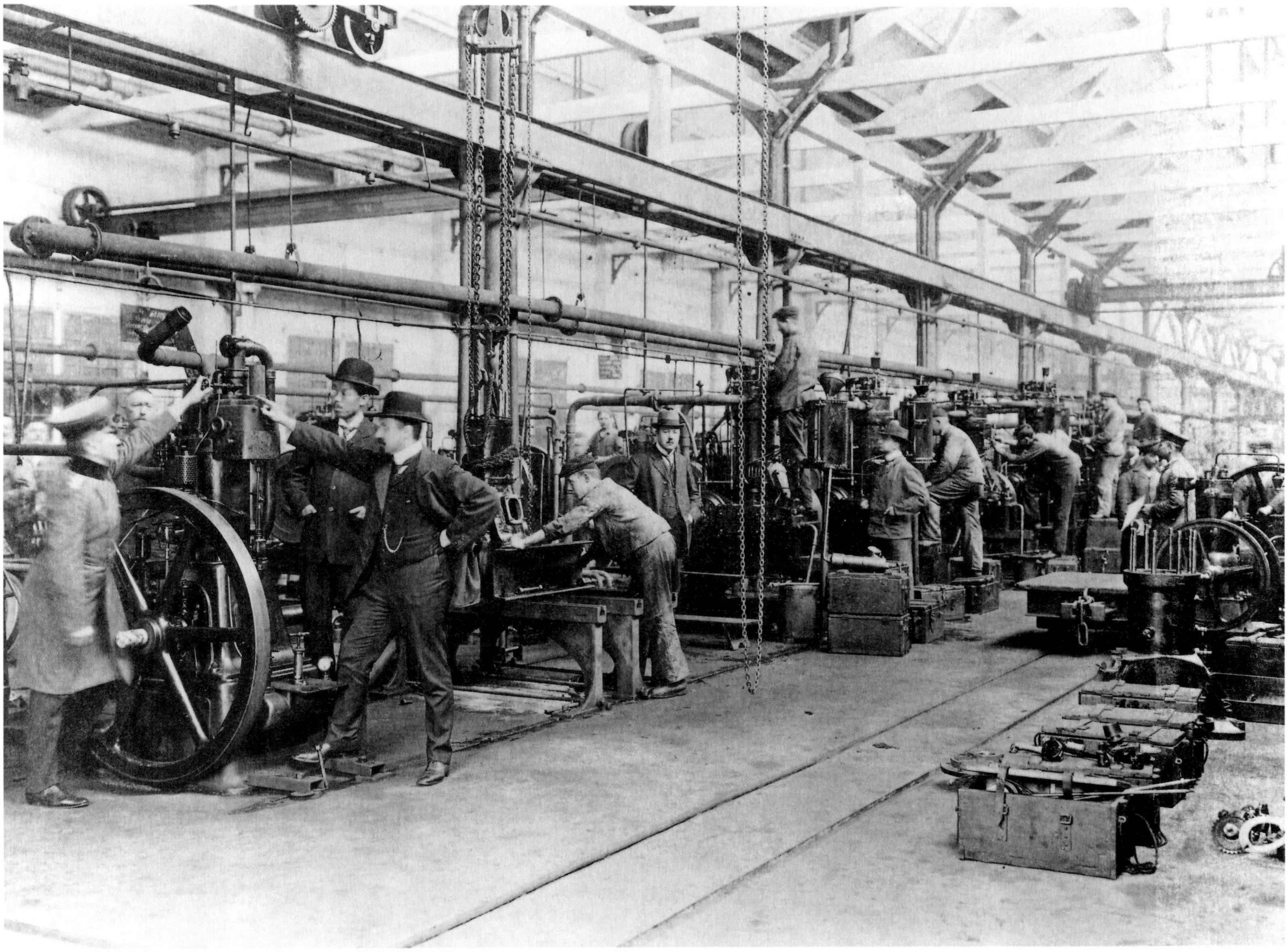

1903 **Die Kölner Schwerindustrie ist führend in Deutschland**

Im ersten Jahrzehnt des 20. Jahrhunderts boomt die hiesige Schwerindustrie. Eine Erfolgsstory schreibt das Unternehmen der „Gasmotoren-Fabrik Deutz AG". Sie war 1864 von Eugen Langen und Nicolaus August Otto, dem späteren Erfinder des Viertaktmotors, in der Altstadt gegründet worden. Das Foto zeigt einen Besucher aus Asien, der die Deutzer Montagehalle besichtigt und gespannt den technischen Erläuterungen lauscht.

1904 | **Die Hohe Straße: Fahren, Flanieren und Verkaufen**

Belebt aber noch ohne die Hektik der späteren Jahre zeigt sich Kölns älteste und populärste Einkaufsstraße. Auf dem Wallrafplatz warten Pferdedroschken auf Fahrgäste. Flaneure sehen sich die Auslagen in den eleganten Geschäften an. Straßenhändler bieten ihre Waren feil, Passanten bleiben auf ein „Verzällche" stehen. Zeit ist etwas, was man noch hat – und genießt.

1905

Kölner Radfahrstar verunglückt tödlich

Seit Ende des 19. Jahrhunderts ist Köln eine Hochburg des deutschen Radsports. Besonders beliebt sind die Flieger- und Sprintrennen auf der Bahn. Die Gummiwerke Clouth in Nippes hatten schon 1880 – nicht ohne kaufmännisches Interesse – den „1. Bicycle Club Cöln" gegründet und diesen Sport populär gemacht. Willy Schmitter, einer der erfolgreichsten Kölner Radfahrer, verunglückt bei einer Tour de Force in Leipzig tödlich.

1906 **Elektrische Schnellbahn verbindet Köln und Bonn**

Ein technisches Paradestück beschert die Eröffnung der Köln-Bonner Rheinuferbahn den Kölner Bürgern. In kürzester Zeit gelangt der Reisende bequem ins benachbarte Bonn. Bis zum Hauptbahnhof fährt die neue Bahn am Rhein entlang. Unter der Dombrücke, wegen ihrer Gitterkonstruktion „Muusfall“ (Mausefalle) genannt, liegt die Abfahrtsstelle. Auf der Brücke ist die „Elektrische“, die Kölner Straßenbahn, zu sehen. Seit Anfang des Jahrhunderts ist sie im Einsatz und verdrängt mehr und mehr die Pferdebahn.

1907 **Die Tourismusbranche boomt**

In- und ausländische Gäste bevölkern die Stadt am Rhein: Kein Pappenstiel ist der Obulus, den der Besucher für die Rundfahrt um den Dom berappen muß. Doch die romantische Fahrt in der Pferdedroschke gehört zu den Höhepunkten des Köln-Besuchs Anfang des Jahrhunderts, ebenso wie die Besichtigung der Kathedrale und des Rheinpanoramas. Für den Fotografen wird stillgesessen und posiert, um ein Andenken an die schöne Domstadt zu bekommen.

1908 **Bau der Südbrücke fordert bei Unglück acht Todesopfer**

Köln als Verkehrsknotenpunkt West: Mit dem Bau der Südbrücke, der zweiten Kölner Schienenverbindung, soll die Dombrücke vom Güterverkehr entlastet und die zentrale Position der Stadt weiter ausgebaut werden. Zwei Jahre nimmt das umfangreiche Bauunternehmen in Anspruch. Zu einem Unglück kommt es am 9. Juli, als acht Arbeiter tödlich verunglücken und weitere Menschen beim Einsturz eines Baugerüsts verletzt werden. 1910 wird die Südbrücke in Betrieb genommen.

1909 **Butzweiler Hof: Ballonhalle bietet Luftschiffen eine Heimat**

Als Luftschiff der Zukunft gilt der Zeppelin, auch die Ballonfahrt erfreut sich großer Beliebtheit. Eine riesige Halle wird auf dem Gelände am Butzweiler Hof errichtet. Am 5. August dient sie dem Luftfahrtpionier Graf Zeppelin persönlich als Landeplatz für seine „fliegende Zigarre“. Tausende von Schaulustigen sind Zeugen des Spektakels. Eigentlich verfolgt man mit den in Köln stationierten Luftschiffen militärische Zwecke. Das Gelände wird 1926 zum ersten zivilen Flugplatz Kölns umfunktioniert.

1910 **Massenprotest gegen ungerechtes Wahlrecht**

Politischer Unmut wächst: Bei einem „Wahlrechts-Meeting" protestieren am 6. März auf dem Sportplatz an der Niehler Straße rund 15 000 Teilnehmer gegen das Drei-Klassen-Wahlrecht, das die Stimmen im Stadtrat stark ungleich gewichtet. So werden die Vermögenden bevorzugt, Personen mit geringem Steueraufkommen bleiben ohne Einfluß. Frauen dürfen gar nicht wählen. Der Trend zur Demokratisierung führt erst 1918 zu einer Reform und ein Jahr später zum Frauenwahlrecht.

1911 Kaiserpaar eröffnet Hohenzollernbrücke

Kaiser Wilhelm II. trifft am 22. Mai mit seiner Gemahlin Auguste Viktoria zur feierlichen Eröffnung der Hohenzollernbrücke ein. An der Nordseite der westlichen Rampe enthüllt er das Reiterstandbild seines Vaters Friedrich III. Sein eigenes Bronzebild steht bereits auf der Südseite. Nach rund vierjähriger Bauzeit ersetzt diese Verbindung die alte Dombrücke, die 1859 als erster fester Rheinübergang seit der Römerzeit errichtet worden war. Wie ihre Vorgängerin ist sie auf die Längsachse des Doms ausgerichtet.

1912 **Beim Divertissementchen zeigen die Herren Bein**

Die Freude am Rollentausch muß den Kölnern in die Wiege gelegt sein, die Lust am Verkleiden in den Genen stekken. Wenn die Herren des Kölner Männer-Gesang-Vereins einmal im Jahr, zur fünften Jahreszeit, in Frauenkleider schlüpfen, dann jubelt die Narrengemeinde. Seit 1874 erheitert die „Bühnenspielgemeinschaft Cäcilia Wolkenburg" mit ihrem Divertissementchen die Kölner mit Opernparodien von Lohengrin, Faust, „Jan und Jriet". Besonders beliebt ist das „Männerballett", hier in einer Aufführung von „Feensee".

1913 **Kölsche Lebensart**

Rund hundert Brauereien zeugen in Köln von der langen Tradition des Bierbrauens. Jahrhundertelang schon haben kleine Hausbrauereien die Kölner mit dem schäumenden Gerstensaft versorgt. In den Brauhäusern herrscht traditionell eine schichtenübergreifende Geselligkeit. Hier ist man Mensch, hier darf man sein. Noch sind es reine Männerwirtschaften, in denen man es sich gutgehen läßt und der Weltpolitik nur verbal einen Platz einräumt. Gewichtige Herren und stilecht gekleidete Köbesse posieren im „Gürzenich Bräu" mit Muße für den Fotografen.

1914 **1. August**

Ausbruch des Ersten Weltkrieges

Zum Zerreißen gespannt ist die Stimmung vor der Kölnischen Zeitung in der Breite Straße. Deutschland steht kurz vor dem Krieg. „Jeder Stoß ein Franzos', jeder Schuß ein Ruß' “, lautet die Maxime der Kriegsbegeisterten, als die Zeitung die Mobilmachung des deutschen Heeres verkündet. Doch auch Ängste und Sorgen mischen sich von Anfang an unter dem Jubel, dem schnell Ernüchterung folgt, als das ganze Ausmaß des Ersten Weltkrieges spürbar wird.

1915 **„De kölsche Boor“: Aufruf zu Kriegsspenden**

Um die Bevölkerung zum Auffüllen der Kriegskassen zu motivieren, kennt der Ideenreichtum keine Grenzen: Vor dem Gürzenich wird am 20. Juni „de kölsche Boor en Iser“, ein Symbol der Reichstreue, der Öffentlichkeit übergeben. Für eine Mark und mehr darf ein Nagel in die Holzfigur geschlagen werden, die so allmählich eine eiserne „Rüstung“ erhält. Das Spektakel lockt sogar Schulklassen an. Bis Kriegsende kommen 1,6 Millionen Mark für die im Feld kämpfenden Männer und ihre Angehörigen zusammen.

1916 **Kölner an der Front**

Zwischen Hoffnung und Verzweiflung: Weit im Feindesland haben sich Soldaten aus Köln ein Stück Heimat geschaffen – die „Villa Colonia“. Eine inszenierte Idylle, denn der Stellungskrieg im Westen, in Verdun und an der Somme, wird zur „Knochenmühle“. Über 60 000 Kölner werden im Laufe des Ersten Weltkrieges eingezogen, mehr als 15 000 lassen im „Dienst für das Vaterland“ ihr Leben. Am Ende zählt Köln 13 000 Kriegerwitwen und 8 000 Waisen.

1917 **Kohlrüben statt Kartoffeln**

Hunger beherrscht das Leben, die Versorgungslage der Stadtbevölkerung verschlechtert sich. Dramatisch ist die Situation im Steckrübenwinter 1916/17. Für die Bedürftigsten werden Stadtküchen eingerichtet – der Begriff „Gulaschkanone“ spricht Bände für die Not der Menschen in den Kriegsjahren. Für die Lebensmittelversorgung ist bis zu seinem Amtsantritt als Oberbürgermeister der Beigeordnete Konrad Adenauer zuständig, dem die Einrichtung der mobilen Küchen große Sympathien beschert.

1918 **Heimkehr der Soldaten – der Krieg ist verloren!**

Erschöpft und kriegsmüde kehren die deutschen Soldaten von der Westfront zurück und ziehen sich gemäß des Waffenstillstandsabkommens vom 11. November auf die rechte Rheinseite zurück. Über die 1915 fertiggestellte Köln-Deutzer Hängebrücke rollen endlose Truppentransporte. Organisiert wird der Rückzug vom Arbeiter- und Soldatenrat, der sich im Zuge der gesellschaftlichen Umbrüche gebildet hatte.

1919 **Churchill besucht britische Truppen**

Mit einer großen Parade empfangen die britischen Besatzungstruppen am 17. August vor dem Kölner Dom ihren Kriegsminister Winston Churchill (rechts in Zivil und mit Stock). 55 000 Soldaten sind in Köln stationiert. Den Bürgern der Stadt ist beileibe nicht zum Feiern zumute. Nur widerwillig respektieren sie die Anordnungen der Besatzer, wie die nächtliche Ausgangssperre, das Vorzeigen von Passierscheinen oder die Pflicht, englische Offiziere zu grüßen. Doch schon bald arrangieren sich „Tommies“ und Kölner, und die strengen Maßnahmen werden gelockert.

1920

16. Januar
Hochwasserkatastrophe

Nach sintflutartigen Regenfällen erreicht der Rhein einen Pegelstand von 9,59 Metern, den höchsten seit 1784. Verheerende Überschwemmungen in der Kölner Altstadt, vielen Stadtteilen und Vororten – wie hier in Rodenkirchen – bringen den kriegsgebeutelten Menschen neue Not. Ganze Straßenzüge werden evakuiert, ein Nothilfeprogramm der Stadt sofort eingeleitet. Der Schaden wird auf mehrere Millionen Mark geschätzt. Eine Lösung des Problems scheint nicht in Sicht: Auch am Ende des Jahrhunderts heißt es immer wieder „Land unter" in der Kölner Altstadt.

1921

19. März
30 Jahre GEW

Bis unter die Decke reicht das Aktendickicht im wohlgeordneten Schreibkontor der Gas-, Elektrizitäts- und Wasserwerke AG, der GEW, in der Rosenstraße. Industrialisierung, Epidemien und fortschreitende Urbanisierung hatten seit Ende des 19. Jahrhunderts nach einem zentralen Versorgungsnetz verlangt. Zahlreiche Kraft- und Wasserwerke entstanden, und mit ihnen ein riesiger Verwaltungsapparat. Denn neben Strom, Gas und Wasser wollen auch Berge von Papier bewegt werden.

1922 **„Schauburg" größtes Kino Westdeutschlands**

Palast der Träume für mehr als 1800 Zuschauer ist die am 12. April neu eröffnete „Schauburg" in der Breite Straße: Wilhelminischer Pomp und expressionistisches Dekor treffen in dem luxuriös ausgestatteten Vergnügungstempel mit eigenem Orchester aufeinander. Stummfilmdramen wie „Hamlet" mit Asta Nielsen lassen die rauhe Wirklichkeit für ein paar Stunden vergessen. Es ist die große Zeit der Plüschkinos, der „Schauburg" folgen das „Emelka", das „Capitol" und die „Lichtspiele des Westens". Als erstes Tonfilmkino öffnet 1931 das „Ufa" seine Pforten.

1923 **Inflation steigt im November ins Unermeßliche**

Das Jahr 1923 erschüttert die kriegsverschuldete junge Weimarer Republik mit Arbeitslosigkeit, politischen Unruhen und einer galoppierenden Geldentwertung. Ein Pfund Zucker kostet im Juni 1500 Mark, im November 250 Milliarden Mark. Vielen bleibt nur noch die Wohlfahrt. Die Währungsreform macht dem Spuk ein Ende, mit Einführung der Rentenmark normalisiert sich die Lage wieder. Doch viele Kölner verlieren ein Vermögen: Das Geld im Sparstrumpf und auf der Bank ist wertlos geworden, während Immobilienbesitzer und Industrielle ihren Besitz oftmals mehren konnten.

1924 **25jähriges Bühnenjubiläum von Willi Ostermann**

Als Spaßvogel, als „Krätzchesmächer", beginnt 1899 der „kölsche Liedermacher" Willi Ostermann (1876–1936) seine Karriere. Der große Durchbruch gelingt 1907 mit dem Karnevalslied „Däm Schmitz sing Frau eß durchgebrannt". Die kölsche Seele scheint der Komponist in seine Mundartlieder zu legen, eine ganz besondere Mischung aus Sentimentalität und Frohsinn, Direktheit und Frivolität. Seine bekanntesten Lieder sollen noch folgen: „Och wat wor dat fröher schön doch en Colonia" und schließlich 1936 die heimliche Köln-Hymne „Heimweh noh Kölle", auf dem Sterbebett verfaßt.

1925 **Jahrtausend-Ausstellung eröffnet in neuen Messehallen**

Anlaß zum Feiern gibt die tausendjährige Zugehörigkeit des Rheinlands zum Deutschen Reich. Eine kulturgeschichtliche Reise durch zehn Jahrhunderte zeigt die Rheinlandausstellung seit dem 16. Mai auf dem ein Jahr zuvor eröffneten Messegelände am Deutzer Rheinufer. 62 000 Quadratmeter Ausstellungsfläche stehen in den für über 150 000 Mark errichteten Hallen zur Verfügung. Von „Adenauers Pferdeställen“, wie die schnörkellosen Bauten im Volksmund heißen, erhofft sich die Stadt einen neuen wirtschaftlichen Aufschwung.

1926

31. Januar

Ende der britischen Besatzung

Jubel bricht aus, als der Union Jack, die Fahne der englischen Besatzungsmacht, um Punkt drei Uhr eingeholt wird. Mit einer Parade verabschieden sich die „Tommies“ vor dem Hotel Excelsior am Dom, ihrem Hauptquartier in den sieben Jahren der Besatzungszeit. Ganz Köln strömt in dieser Nacht auf den Domplatz und feiert die „Befreiung“. Glockengeläut und Glanzlichter rahmen die bewegende Ansprache Konrad Adenauers ein, die vom neu entstandenen deutschen Rundfunk übertragen wird.

1927 **Aussem gewinnt Tennismeisterschaften**

Das „Tenniswunder" Cilly Aussem gewinnt im Alter von 18 Jahren die Internationalen Meisterschaften in Hamburg. Es ist der erste Meilenstein auf dem Weg zu großen Triumphen. 1931 spielt sich die laufstarke Kölnerin mit Siegen in Wimbledon und Paris zur Weltklasse hoch. Titelerfolge erringen auch die Kölner Ruderer und Radamateure im Erfolgsjahr 1927. Neben dem Spitzen- hat auch der Breitensport Mitte der 20er Jahre Hochkonjunktur. Turn- und Sportfeste locken 1926 und 1928 Tausende von Zuschauern zu Massenvorführungen in die Stadien.

1928 **12. Mai**
Eröffnung der „Pressa"

Die Internationale Presseausstellung, die weltgrößte aktuelle Fachmesse, rückt Köln in den Rang einer international angesehenen Wirtschaftsmetropole. 1500 Aussteller aus 44 Ländern präsentieren mehr als 5 Millionen Besuchern die Prozesse rund ums Pressewesen – vom Ereignis zur Nachricht, vom Papier zur fertigen Zeitung. Für die schreibende Zunft ein Eldorado, hat die „Pressa" auch für Politik und Wirtschaft magnetische Wirkung: Nicht ohne Stolz zeigt Konrad Adenauer (rechts) dem französischen Unterrichtsminister Edouard Herriot (mit Zigarre) das Messegelände mit seinen vielen kunstvoll gestalteten Pavillons.

1929 **Mülheimer Brücke größte Kabelbrücke auf dem Kontinent**

Zum „Längste desch vun Kölle“ wird die festlich geschmückte Mülheimer Brücke am 13. Oktober, dem Tag ihrer Einweihung. Ruderboote und Schiffe säumen den Rhein, das Luftschiff „Graf Zeppelin“ überfliegt das stolze Bauwerk des Architekten Adolf Abel. Um die Kosten für Europas größte Kabelhängebrücke hatte es schwere Auseinandersetzungen gegeben, doch Adenauer hatte den Bau gegen alle Widerstände durchgesetzt. Der Vorwurf der Selbstherrlichkeit in diesen schweren Zeiten ist bald vergessen.

1930

16. März

„Quo vadis Colonia?"

Mit ihrer Vision der „Welt im Jahr 2000" trotzen die Jecken am Rosenmontag 1930 den politischen Erschütterungen der 20er Jahre. Der Zusammenbruch des Kaiserreichs, die aufziehende Weltwirtschaftskrise und immer gewalttätigere Machtkämpfe linker und rechter Gruppierungen haben ein Klima großer Verunsicherung geschaffen. Schon im nächsten Jahr schlägt die Wirtschaftskrise auf Köln durch: Die Stadtkasse ist leer, der Zug kann erneut nicht mehr finanziert werden.

1931 Erstes Ford-A-Modell läuft vom Band

Einer zweiten industriellen Revolution kommt die Fließbandproduktion in den neuen Fordwerken in Niehl gleich. Schon bald können dort 180 Fahrzeuge am Tag hergestellt werden. Eine wahre Blechlawine Schaulustiger überrollt zur Eröffnungsfeier am 2. Juni die modernen Produktionsstätten amerikanischen Vorbilds, die Adenauer in zähen Verhandlungen an den Rhein holen konnte. Schon bald macht die globale Krise alle Hoffnungen zunichte: Immer öfter stehen die Bänder still.

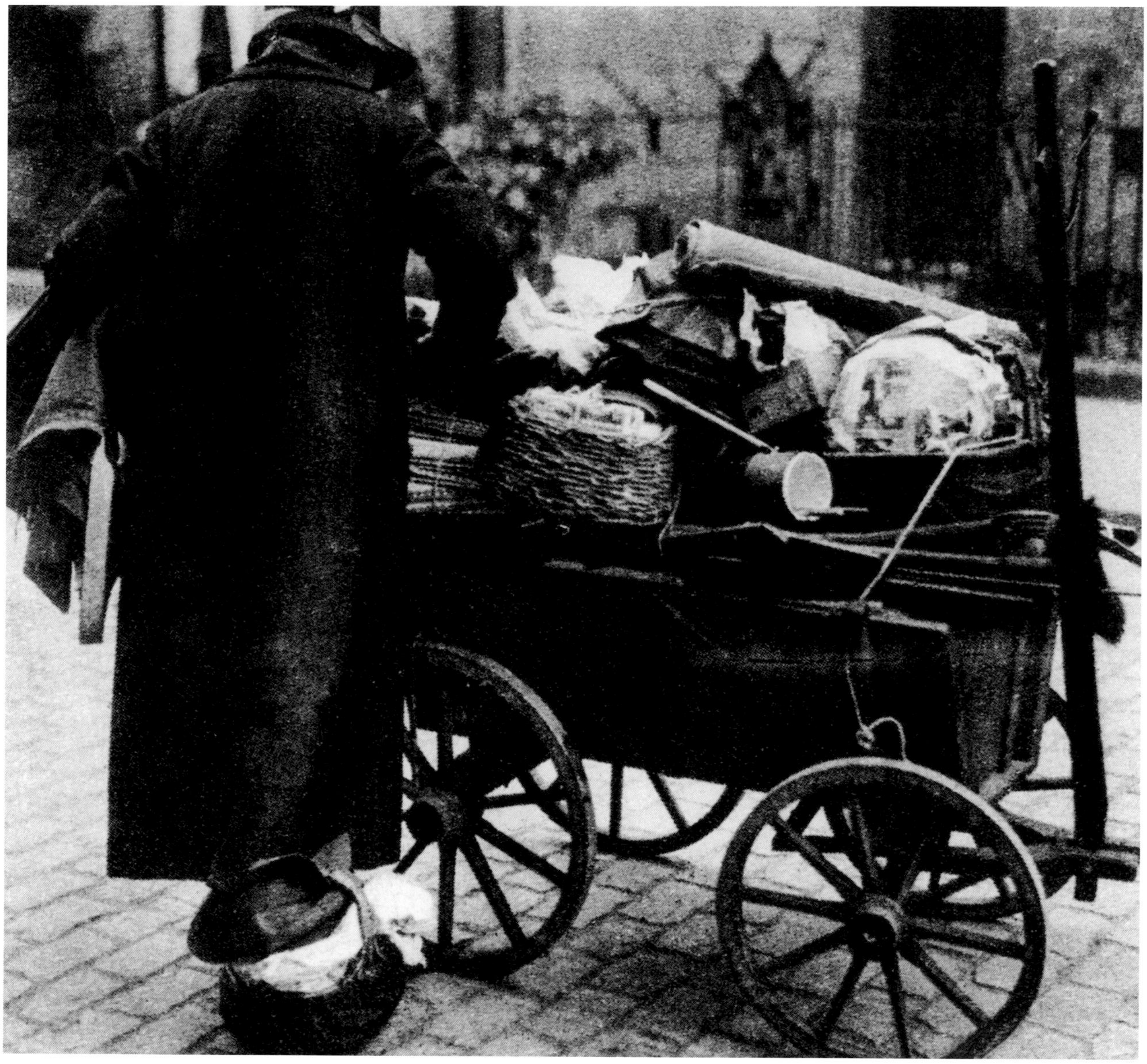

1932 | **Massenarbeitslosigkeit auf dem Höchststand**

Die Wirtschaft am Boden: Über 109 000 Kölner sind im Juli ohne Arbeit und haben, wie dieser Obdachlose, oftmals Haus und Hof verloren. Not und Elend breiten sich aus infolge der anhaltenden Weltwirtschaftskrise, fast 30 Prozent der Kölner werden zu Bedürftigen. Schuldenberg und Wohlfahrtsleistungen lassen die Stadtkasse kollabieren. Karitative Verbände springen ein und organisieren als „Kölner Nothilfe" Volksspeisungen in öffentlichen Küchen. Die Massenarmut schafft den idealen Nährboden für die Nazipropaganda.

1933

13. März

Nazis besetzen Kölner Rathaus

Das Horst-Wessel-Lied der Nationalsozialisten kündigt auch in Köln Terror und Willkür an: „Zum Kampfe stehn wir alle schon bereit. Bald flattern Hitlerfahnen über alle Straßen …" Mit einem Aufmarsch vor dem Rathaus feiert die NSDAP ihren Sieg bei den Kommunalwahlen. Oberbürgermeister Konrad Adenauer wird abgesetzt, die kommunistischen Mandate kurzerhand für „unwirksam" erklärt. Gewalt gegen Juden und Kommunisten, Festnahmen und Beschlagnahmungen gehören von nun an ebenso zur deutschen Wirklichkeit wie die Bücherverbrennung und Zeitungsverbote.

1934 **Gleichschaltung erfaßt alle Lebensbereiche**

Im Gleichschritt Marsch: Nach Parteiverboten und der Zerschlagung von Gewerkschaften werden auch alle anderen gesellschaftlichen Gruppierungen „gleichgeschaltet“ und in NS-Organisationen eingegliedert. Arbeitsdienst, Hitlerjugend und Bund Deutscher Mädel (BDM) dienen der Erziehung zum „Neuen Menschen“. Mit paramilitärischem Drill wird die Jugend auf den Führerstaat und die „Herrschaft des Herrenvolkes“ eingeschworen.

1935

15. Februar
Judenhetze im Kölner Karneval

Um die Gleichschaltung des „Fastelovend“ zu verhindern, gründen die Karnevalsgesellschaften, namentlich der Festkomitee-Präsident Thomas Liessem, den „Festausschuß Kölner Karneval“. Doch schon längst sind NS-Propaganda und Judenhetze in die Köpfe vieler Kölner eingedrungen, wie dieser Zugwagen zeigt. Im Herbst des Jahres schließen die Nürnberger Rassengesetze die Juden weitgehend vom gesellschaftlichen Leben aus.

1936 **Hitler zu Wahlpropaganda in Köln**

Tausende von Händen strecken sich dem „Führer“ und Reichskanzler Adolf Hitler entgegen, als seine Limousine am 28. März durch das Zentrum Kölns rollt. Der von den Nationalsozialisten als „Rheinlandbefreiung“ bejubelte Einmarsch deutscher Truppen in das entmilitarisierte Rheinland war zuvor von den Westmächten hingenommen worden. Die Kölner feiern die wiedergewonnene „nationale Ehre und Souveränität“ und bestätigen mit über 99 Prozent die NSDAP bei den Reichstagswahlen am 29. März. Es ist der siebte von acht Besuchen Hitlers in Köln.

1937 **„Haus der Rheinischen Heimat“ bei Weltausstellung**

Offizieller Repräsentant Deutschlands bei der Pariser Weltausstellung ist ein Pavillon des neuen Kölner Heimatmuseums. Daheim zeigt das „Haus der Rheinischen Heimat“ in der alten Deutzer Kaserne auf 10 000 Quadratmetern Schätze bürgerlicher und bäuerlicher Wohnkultur. Ausgemerzt wird von den Nazis zur gleichen Zeit alles, was sich nicht ihrer Kunstvorstellung unterordnet. Dem landesweiten Kunstraub für die Propagandaausstellung „Entartete Kunst“ fallen auch 47 Werke des Wallraf-Richartz-Museums zum Opfer, darunter Bilder von Picasso und van Gogh.

1938 **9. November**
Kölner Synagogen brennen

„Reichskristallnacht“: Mit der Plünderung jüdischer Geschäfte und Wohnungen, der Mißhandlung ihrer Besitzer und der Zerstörung ihrer Gotteshäuser – hier in der Glockengasse – findet die Verfolgung der Juden im Deutschen Reich einen vorläufigen Höhepunkt. Erste Deportationen schließen sich an und am Ende der „Holocaust“, die systematische Vernichtung von annähernd sechs Millionen europäischen Juden. Bis zur Machtergreifung der Nazis war Köln ein Zentrum jüdischen Lebens in Deutschland.

1939 **Letzter Sommer vor Kriegsausbruch**

Ruhe vor dem Sturm: Stolz spannen sich die mächtigen Bögen der Hohenzollernbrücke über den Rhein, unverwundbar wirken die aufstrebenden Stahlträger, die schon in wenigen Jahren am Boden liegen werden. Der schöne Sommer läßt viele Kölner die drohende Kriegsgefahr verdrängen. Es ist der Vorabend des Zweiten Weltkrieges. Am 1. September fällt die Deutsche Wehrmacht in Polen ein. Die Kölnische Zeitung meldet: „Seit 5.45 Uhr wird zurückgeschossen“.

1940 **Erster Luftangriff auf Köln**

Britische Kampfflieger greifen in der Nacht zum 13. Mai erstmals Köln an, kurz nachdem der deutsche „Westfeldzug“ von hier aus gestartet worden war. Ein zweites Bombardement vier Wochen später fordert erste Todesopfer. Bis 1941 erlebt die Stadt 100 Bombenangriffe. Die Angst wird von nun an zum ständigen Begleiter der Menschen. Es beginnen Jahre der Verdunkelung, der Sirenen und des bangen Wartens in den Luftschutzkellern.

1941 **Kinderlandverschickung**

„Sport und Spiel in den schönsten Gegenden des deutschen Reiches“ verspricht ein Werbeplakat für die kostenlose Verschickung der Kinder auf das Land. Tatsächlich handelt es sich um Evakuierungsmaßnahmen, die der „Gesunderhaltung der leistungsfähigen, erbgesunden Jugend“ dienen sollen. Nur zögerlich geben die Eltern die Jüngsten in die Hände der NS-Verbände. Doch der Krieg fordert immer mehr Opfer, und so scheint die Kinderlandverschickung das kleinere Übel.

1942

1000-Bomber-Angriff legt Köln in Schutt und Asche

Ein Inferno erlebt Köln beim ersten 1000-Bomber-Angriff auf eine deutsche Großstadt am 30. Mai. Britische Flugzeuge verwandeln die Innenstadt in nur 90 Minuten in einen Feuerkessel, der noch von der holländischen Küste aus zu erkennen ist. Die traurige Bilanz: 486 Tote, mehr als 5000 Verletzte und über 12 000 zerstörte und beschädigte Gebäude. 45 000 Kölner werden über Nacht obdachlos.

1943 | **17. Januar**
Arno-Breker-Ausstellung
Der Vision vom „Arischen Übermenschen" verleiht der „Hofbildhauer" der Nationalsozialisten, Arno Breker, mit seinen monumentalen Skulpturen Gestalt. Erstmals ist in Deutschland ein repräsentativer Querschnitt der Werke des Künstlers zu sehen, der sich gern antiker Vorbilder, wie hier der Figur des Prometheus, bedient. Den Siegeswillen des Volkes soll die Ausstellung im „Haus der Rheinischen Heimat" stärken – während Köln längst in Trümmern liegt.

1944 „Arbeit macht frei“ – KZ-Häftlinge beim Enttrümmern

Streng organisiert ist die Kriegsmaschinerie der Nationalsozialisten im „Totalen Krieg“: Frauen, vor allem aber ausländische Zwangsarbeiter, Kriegsgefangene und KZ-Häftlinge halten die Rüstungsindustrie in Gang. Rund 2500 Arbeiter leisten auch bei Ford Frondienste. Ein Außenlager des KZ Buchenwald befindet sich in der Kölner Messe. Als Arbeitssklaven tragen hier die Häftlinge Trümmer vor dem Kölner Rathaus ab. Viele von ihnen sterben in den Lagern, beim Entschärfen von Bomben und beim Räumdienst.

1945

6. März
US-Army befreit Köln

„Cologne, Germany“, Stunde Null: Nach einem letzten Panzergefecht in der Komödienstraße, den Dom schon vor Augen, nehmen amerikanische Truppen das linksrheinische Köln ein. Die Stadt gleicht einem Trümmerfeld, anderthalb Millionen Bomben haben Köln in den Jahren des Krieges in einen Schutthaufen verwandelt. 70 Prozent der Häuser sind zerstört, 90 Prozent in der Altstadt. In Scharen strömen nun die Menschen zurück, der Wiederaufbau kann beginnen.

1946 **Zigaretten als Zahlungsmittel auf dem Schwarzmarkt**

Legal, illegal, ganz egal: „Lucky Strike“ und „Camel“ regieren auf dem blühenden Schwarzmarkt. Acht Reichsmark sind die Glimmstengel, die sogenannten Amis, bei den Zigarettenhändlern wert. Kaffee und Schnaps sind heißbegehrt und nur unter der Hand zu bekommen. Das Gros der Kölner jedoch hungert und „maggelt“ sich mit Tausch und Hamsterfahrten durch den strengen Winter. Kriegsversehrte prägen nachhaltig das Bild der Stadt.

1947 **Kardinal Frings „sanktioniert“ Kohlenklau**

„Mer jon fringse“ heißt es in Köln, wenn die ganze Familie zum „Klüttenklauen“ auszieht. Auf dem Höhepunkt der Not zeigt Josef Kardinal Frings Verständnis für die frierenden und hungernden Menschen. „Wir leben in Zeiten, da… der einzelne das wird nehmen dürfen, was er zur Erhaltung seines Lebens und seiner Gesundheit notwendig hat…“ Diese Worte der Silvesterpredigt 1946 sind schnell zum Freibrief für den Kohlenklau gedeutet – das „Fringsen“ ist geboren.

1948 **Aufbruchstimmung bei 700-Jahr-Feier des Doms**

Köln ist tot. Es lebe Köln! Frei schweift der Blick über den Rhein, wo vormals eine Stadt war. Nur der Dom erhebt sich gleich einer Fata Morgana aus den Trümmerfeldern. Nie war die Erschöpfung größer, die Hoffnung dringlicher, der Glaube wichtiger. Zehntausende begehen die erste Messe im Dom nach dem Krieg. Zahlreiche Gäste aus aller Welt besuchen am 15. August die Kathedrale anläßlich der 700-Jahr-Feier ihrer Grundsteinlegung. Mit einer Schreinsprozession gelangen wertvolle Kirchenschätze zurück in den Dom. Das „hillige Köln“ schöpft neuen Mut.

1949 Erster Rosenmontagszug im besetzten Köln

„Mer sin widder do un dun, wat mer künne" – von Aufbruch und Aufbau kündet das Motto des ersten offiziellen Rosenmontagszuges nach dem Krieg. Durch Mauerreste und Ruinen bahnt sich der „Zoch" mit einem schmächtigen Dreigestirn den Weg. Zaghaft entdecken die Menschen den Frohsinn wieder, auch wenn viele Wehmut verspüren. Der Hit der Session nimmt die Besatzungsmächte aufs Korn: „Wir sind die Eingeborenen von Trizonesien" singen die Jecken wenige Monate vor Gründung der Bundesrepublik.

1950 **Erste Selbstbedienungsläden eröffnen in Köln**

Kaufrausch erfüllt die Kölner: Prall gefüllte Regale in den ersten Selbstbedienungsläden markieren das Ende der Rationierungen und Entbehrungen. Endgültig werden die Lebensmittelmarken abgeschafft, und sogar das Ernährungsamt hat ausgedient. Das „Wirtschaftswunder" läßt Deutschland in den 50er Jahren wieder aufblühen: Die gesamte Wirtschaft boomt infolge von Währungsreform, Wiederaufbauhilfen und der Einführung der freien Marktwirtschaft, deren Siegeszug nun nicht mehr aufzuhalten ist.

1951 **Tanzbrunnen: „Treffpunkt einsamer Herzen"**

Damenwahl und Tanzkapelle: Die Mondlicht-Party für Junggesellen und Junggebliebene steigt seit dem 13. Mai im Deutzer Tanzbrunnen. Bei den Klängen von Foxtrott und Cha-Cha-Cha kommt man sich näher, so manch ein Bund fürs Leben wird mit verklärtem Blick auf Rhein und Dom besiegelt. Gegenpol zum sittsam-beschaulichen Tanztempel werden seit Mitte der 50er Jahre Bars und Nachtclubs. Sittenwächter argwöhnen, Köln könne zu einem „Chicago des Westens" verkommen.

1952 **„De Aap“ schlägt Ringrichter Pippow k.o.**

„Voll auf die Zwölf“: 12 000 Zuschauer werden Zeuge eines Amoklaufs. Völlig außer sich gerät Boxer Peter Müller, als die Niederlage im Mittelgewicht gegen Hans Stretz droht. Immer weiter wird Müller vom Titelverteidiger in die Enge getrieben. Eine Ermahnung des Ringrichters Max Pippow bringt das Faß zum Überlaufen: Mit hochrotem Kopf geht „De Aap“ auf Pippow los und streckt ihn mit zwei gezielten Schlägen nieder. Die lebenslange Sperre Müllers wird, man staune, schon 1954 wieder aufgehoben.

1953

„Etappenhas“ erstes Bühnenstück im Fernsehen

Einem Überfallkommando gleicht das Team des NWDR, das am 27. Oktober im Millowitsch-Theater anrückt. Der imposante Ü-Wagen, Dutzende Meter Kabel und riesige Kameras stehen bereit für eine außergewöhnliche Premiere: die erste Live-Übertragung eines deutschen Theaterstücks. Mit Bravour schafft „D'r Etappenhas“, Dauerbrenner des Kölner Volkstheaters seit 1936, den Sprung ins neue Medium. Willy Millowitsch und Franz Schneider sind die Stars der Stunde.

1954 **Galerie „Der Spiegel“ Keimzelle des Kölner Kunstmarkts**

Die Symbiose von Kunst und Kommerz nach amerikanischem Vorbild schwebt Hein Stünke vor, der als einer der Pioniere der Nachkriegszeit die Galerie „Der Spiegel“ eröffnet. Die Gegenwartskunst – und ihre Verkäuflichkeit – steht im Fokus der neu entstehenden Bewegung von Galeristen, die Mitte der 60er Jahre als „Progressive“ den ersten Kunstmarkt Deutschlands ins Leben rufen. Im Bild zu sehen sind der Sammler Josef Haubrich mit Hein und Eva Stünke in der ein Jahr zuvor eröffneten Galerie „Der Spiegel“.

1955 **Hochzeit von Magda Schneider und „Daddy" Blatzheim**

Schön, reich und berühmt: Die Heirat des Gastronomie-Zaren Hans Herbert Blatzheim mit der Schauspielerin Magda Schneider, deren Tochter Romy als „Sissy" Erfolge feiert, bringt neuen Glanz in die Kölner Gesellschaft. Die „Bilderbuchfamilie" repräsentiert all das, was der amerikanische Traum verspricht. Der 1953 wiedereröffnete „Kaiserhof" – eine von über 80 Lokalitäten Blatzheims – wird zur Varieté-Bühne von nationalem Rang und zum Mittelpunkt des um Stars aus Film und Theater bereicherten gesellschaftlichen Lebens. Doch die Blütezeit ist nur kurz: Tanztee und Revue werden schon bald Jazz- und Rock-'n'-Roll-Konzerten Platz machen.

1956

1. Januar
WDR eigenständiger Sender

Faszination Mattscheibe: Die Stadt wird vom Fernsehfieber erfaßt. Trauben von Menschen verfolgten schon 1954 in Gaststätten, Rundfunkgeschäften und sogenannten AKI's – den Aktualitäten-Kinos – die Fußball-WM. Der Westdeutsche Rundfunk wird 1956, nach der Trennung des NWDR in WDR und NDR, zur selbständigen Sendeanstalt öffentlichen Rechts. Herzstück des Senders ist das große Studio K, hier der Blick aus der Bildregie ins Studio.

1957 **„Die Callas" singt in der neuen Oper**

Rauschender Beifall für die große Diva der Mailänder Scala: Die strahlende Maria Callas steht mit „La Sonnambula" von Bellini in einer Inszenierung von Luchino Visconti auf der Bühne des neuen Kölner Opernhauses. Die „Babylonischen Türme", wie der Bau in der Presse heißt, bestechen im Innern durch fächerförmige Logen, kein Platz ist mehr als 30 Meter von der Bühne entfernt. So gelingt es Architekt Wilhelm Riphahn, „ein großes Haus mit 1400 Plätzen auch intim zu gestalten".

1958 **13. Dezember**
Eröffnung der Kölner Sporthalle

Mit einem großen Fest wird die neue Sporthalle in Deutz eröffnet. Schon zwei Wochen später begeistert das erste Sechstagerennen nach dem Krieg die Kölner Radsportfans. Der lang ersehnte Sporttempel ist in der umgebauten Halle X der Deutzer Messe entstanden und als Vielzweckhalle mit bis zu 7000 Plätzen angelegt. Neben Sport in allen Facetten stehen auch Musik, Tanz und Kongresse auf dem Programm – bis hin zur „Lachenden Sporthalle" an den tollen Tagen. 1998 wird die Halle von der Kölnarena abgelöst werden.

1959 **Neuer Pfeiler der Kölner Ost-West-Achse**

Stolz beschreiten Josef Kardinal Frings, Kanzler Konrad Adenauer, Oberbürgermeister Theo Burauen, Oberstadtdirektor Max Adenauer und weitere Prominenz am 7. November die frisch geweihte Severinsbrücke. Der elegant aufragende Dreieckspylon soll einen weltlichen „Kontrapunkt" – so der Titel des Entwurfs – zu den Türmen des Doms darstellen. Moderne „Gabelanschlüsse" ohne Ampeln sorgen für fließenden Verkehr. Die grüne Farbe der Brücken wird Markenzeichen aller Rheinübergänge, die nach dem Krieg unter dem „Brückenvater" Karl Schüßler (wieder) aufgebaut wurden.

1960 **Erstes Parkhaus Deutschlands mit Autolift**

Mehr und mehr wird Köln zur Autostadt mit „amerikanischen Verhältnissen". Voller Stolz geht es mit dem eigenen Wagen zum Shopping in die Hohe Straße. „Käfer" und „Badewanne" – so der Spitzname des neuen Ford Taunus – werden zu Symbolen der Wohlstands- und Konsumgesellschaft. Kehrseite der Mobilität ist die wachsende Parkplatznot. Zahlreiche neue Parkhäuser sollen Abhilfe schaffen. Letzter Schrei an Modernität ist der Autolift im Parkhaus des Kölner Kaufhofs, der am 11. Dezember in Betrieb genommen wird.

1961 **Rosenmontagszug nimmt die „Glotze“ aufs Korn**

Unaufhaltsam erobert die Flimmerkiste die Köpfe der Kölner Bürger. Quadratische Augen sind keine Seltenheit, wie diese Gruppe des Rosenmontagszugs beweist. Stolz wird das neue Statussymbol präsentiert, wenn Freunde zu Spielfilm und Krimi, Fußball und Karneval ins heimische „Pantoffelkino“ kommen. Mit 1000 privaten Geräten hatte der Boom 1952 begonnen. Anfang der 60er Jahre stehen schon weit über eine Million Fernseher in deutschen Wohnzimmern.

1962

1. FC Köln wird Deutscher Fußballmeister

12. Mai: In einem grandiosen Finale in Berlin besiegen die Geißböcke den 1. FC Nürnberg mit 4:0 Toren und sind erstmals Deutscher Meister. Dynamik und Zusammenspiel der Elf begeistern Fans und Presse. Köln empfängt die Champions mit einem wahren Volksfest. 20 000 Anhänger jubeln Kapitän Hans Schäfer und Präsident Franz Kremer mit der Meisterschale – der sogenannten Salatschüssel – zu. Doch die launische „Diva vom Rhein" verliert gleich darauf mit 1:8 im Europapokal. Zwei Jahre später gelingt dem FC erneut die Meisterschaft, nun unter den geänderten Bedingungen der Bundesliga.

1963 | **23. Juni**
Kennedy auf Staatsbesuch

Euphorischer Empfang in den Straßen für den amerikanischen Präsidenten John F. Kennedy auf der ersten Station seiner Deutschlandreise. Im offenen Wagen fährt „JFK“ mit Bundeskanzler Konrad Adenauer zum Rathaus, um sich ins Goldene Buch einzutragen. Sein schönstes „Köllen Alaaf“ schenkt der Präsident der Menge am Ende einer kurzen Rede. Nur fünf Monate später, am 22. November, wird Kennedy in Dallas erschossen. Auch die Kölner nehmen mit einer Trauerfeier und einem Schweigemarsch Abschied von Kennedy.

1964 **Einmillionster Gastarbeiter trifft in Köln ein**

„Willkommen im Schlaraffenland" heißt es für den Portugiesen Amando Sá Rodrigues bei seiner Ankunft in Köln am 10. September. Der Lehm der heimatlichen Felder klebt dem einmillionsten Gastarbeiter, der von Reportern und Kameras umringt wird, noch an den Schuhen. Ein Moped gibt's vom Arbeitgeberverband, „Wem Gott will rechte Gunst erweisen" ertönt zur Begrüßung. Die Wirtschaft boomt, Werbekolonnen heuern in Südeuropa dringend benötigte Arbeitskräfte an, knapp 50 000 Ausländer leben 1965 in Köln. Die „Gäste" werden zu Mitbürgern, ihre Integration ein Dauerthema.

1965 **25. Mai**

Britische Königin zu Gast

Als Zeichen der Versöhnung und Annäherung wird der Deutschlandbesuch von Königin Elizabeth II. und Prinzgemahl Philipp erlebt. 20 Jahre nach Ende des Zweiten Weltkriegs empfängt Oberbürgermeister Theo Burauen die Queen im Kölner Rathaus. Im Dom bittet Kardinal Frings die Monarchin, die von der Bevölkerung begeistert umjubelt wird, auf den Kaiserstuhl. Schon 1953 hatte die Übertragung der Krönung Elizabeths II. im Fernsehen Menschentrauben vor die ersten Bildschirme gelockt.

1966 **KVB-Krawalle markieren Beginn der Jugendproteste**

Auf Konfrontationskurs: Mensch und Maschine stehen sich in aufgeheizter Stimmung am Rudolfplatz gegenüber. Preiserhöhungen von über 50 Prozent bei den Kölner Verkehrsbetrieben bringen Schüler und Studenten gegen das „Establishment“ auf. Als am 21. Oktober Gleise besetzt werden und Bahnen provokativ anfahren, spitzt sich die Lage zu. Steine fliegen, Scheiben bersten, mit Schlagstöcken und Wasserwerfern räumt die Polizei die Schienen. Folge der Ausschreitungen: zahlreiche Verletzte und Verhaftete.

1967 **30. März**
Rolling-Stones-Konzert

„Sex and Drugs and Rock 'n' Roll“ sind die Verheißungen der britischen Rockband „Rolling Stones“, die erstmals ein Konzert in der Kölner Sporthalle gibt. Das Publikum tobt. Wie keine andere Band verkörpern die „Stones“ eine Jugend, die gegen kleinbürgerliche Moralvorstellungen rebelliert. Songs wie „I can't get no satisfaction“ elektrisieren nachhaltig auch die Kölner Musikgruppen wie „Can“ bis hin zu „Zeltinger“ und „BAP“. Die „Stones“ und auch die „Beatles“ sind Vorbilder der entstehenden „Kölschrock-Szene“.

1968 **Studenten „studieren" Notstandsgesetze**

Mit Streiks und Sitzblockaden gegen die umstrittenen Notstandsgesetze beginnen die Studenten das Sommersemester 1968. Trotz der anhaltenden Proteste treten diese am 30. Mai in Kraft. Es ist der Höhepunkt der weltweiten Jugendrevolten gegen Vietnamkrieg, Terrorregimes und Diskriminierung. „No, No, Notstandsrecht" skandiert die aufgebrachte Menge und tauft die Uni „Rosa-Luxemburg-Universität". Mit Barrikaden und Farbbeuteln protestieren die Studenten, die sich im Dienst des Friedens sehen: „Make love not war" wird das Credo der 68er Generation.

1969 | **Josef Kardinal Frings gibt Hirtenstab ab**

„Der Herbst des Patriarchen" bricht an: In Nebel getaucht ist die Welt für den langjährigen Kölner Erzbischof Josef Kardinal Frings, als der 82jährige, schon fast erblindet, von seinen Ämtern zurücktritt. Dem strengen Glauben und seinem Amt verhaftet, hat Frings bereits in jungen Jahren die Nähe zu den Menschen gesucht, so etwa als Seelsorger in Zollstock und Braunsfeld. Am 23. Februar überläßt der Kölner Ehrenbürger seinem Nachfolger Joseph Höffner den Erzbischofsstuhl. Kurze Zeit später stirbt Josef Frings. Der von ihm geprägte Begriff des „Fringsens" bleibt sprichwörtlich für jeden Kölner.

1970 **Proteste gegen Exklusivität des Kunstmarkts**

Am 12. Oktober probt die Kunstszene den Aufstand: Mit Schlüsseln und Uhren hämmern Künstler und Galeristen gegen die Scheiben der Kunsthalle. Die „Ausgeschlossenen“ um Joseph Beuys, Wolf Vostell und Helmut Rywelski, Galeristen und Verleger begehren Einlaß zum Kölner Kunstmarkt. Ein wahres „Kunst-Kartell“ bilden die Veranstalter der exklusiven Schau – die „Progressiven“ – in ihren Augen. Nach 40 Minuten öffnen sich die Türen, doch vier Jahre werden noch bis zu einer echten Öffnung der Kunstmesse vergehen, die seit 1984 „Art Cologne“ heißt.

1971 **SC Fortuna Köln im Aufwind**

„Der SC Fortuna, aus Kölle am Rhein, wird eines Tages Deutscher Meister sein ...“ jubilieren die Fans, als die Südstadt-Elf Anfang der 70er Jahre Erfolge verbucht. Mit Trainer Ernst Günter Habig „de Bums“ (links) beginnt der Aufwärtstrend, Martin Luppen gelingt 1973 die Sensation: der – wenn auch kurze – Aufstieg in die Bundesliga. Zehn Jahre in der zweiten Liga folgen, unzählige Trainer sieht Präsident Jean „Schäng“ Löring (rechts) kommen und gehen, bis sich die Kicker wieder nach oben schießen. In einem legendären Pokalfinale 1983 zwischen den beiden Kölner Klubs holen sich dann doch die Geißböcke den „Pott“.

1972 | **10. Dezember**
Böll erhält Literaturnobelpreis

Als einem der bedeutendsten deutschen Nachkriegsautoren wird Heinrich Böll der Nobelpreis für Literatur verliehen. Der vielfach geehrte Kölner Schriftsteller erlangt mit zeitkritischen Werken wie „Irisches Tagebuch", „Ansichten eines Clowns" und „Gruppenbild mit Dame" weltweites Ansehen. Ziviler Ungehorsam und politische Einmischung sind zeitlebens zentrale Anliegen Bölls. Furore macht 1975 die Verfilmung seines Romans „Die verlorene Ehre der Katharina Blum" mit Angela Winkler.

1973 | **Sonntagsfahrverbot legt Verkehr lahm**

Zu einer riesigen Spielwiese werden die Kölner Ringe am 25. November, dem ersten autofreien Sonntag in der Geschichte der Bundesrepublik. Gespenstisch wirken die verlassenen Plätze und leergefegten Straßen der Innenstadt. Nur ein paar Radfahrer und Fußgänger sind unterwegs. Ursache für das Fahrverbot ist das Embargo arabischer Staaten, die im Kampf gegen Israel stehen. Um Druck auszuüben, drehen sie dem Westen kurzerhand den Ölhahn zu und treffen die Industrienationen an ihrem wunden Punkt.

1974

26. Juni
Bankrott der Herstatt-Bank

Zu Tumulten kommt es, als am Morgen des 26. Juni die Türen der Herstatt-Bank geschlossen bleiben. Defizite in Milliardenhöhe haben das Bankhaus in den Ruin getrieben. Tausende aufgebrachter Gläubiger ziehen vor das Hauptgebäude und fordern ihr Geld zurück. Ursache für das Debakel sind Bilanzfälschungen und gewagte Devisenspekulationen. Hauptaktionär Hans Gerling muß zahlen: Keine „Peanuts" – sein halbes Vermögen kostet die Pleite den Versicherungskonzern.

1975 **Hänneschen-Theater im Umbruch**

„Blotwoosch, Kölsch un ne lecker Mädche" sind das Lebenselixier von Hänneschen und Bärbelchen, Tünnes und Schäl. All die Typen aus dem Veedel, vom feschen Tausendsassa bis zum fiesen Möpp, sind im Kölner Stockpuppentheater versammelt. Wie kein anderer haucht Karl Funck (rechts mit dem „Hänneschen", links seine Frau) den „Knollendorfer Helden" seit fast 30 Jahren Leben ein. Doch auch „en unserem Veedel" neigt sich die „gute alte Zeit" dem Ende zu. Die 80er Jahre bringen mehr Zeitbezug – auch mal einen Punker – und als Dreingabe Bläck-Fööss-Lieder.

1976 **Ausbürgerung Biermanns nach West-Tournee**

„Mit Marx- und Engelszungen“ – so der Titel einer LP – singt der Ostberliner Liedermacher Wolf Biermann bei seinem ersten West-Konzert in der Kölner Sporthalle am 13. November. 7000 Zuschauer jubeln dem „Wahl-Ossi“ zu, der nicht an Regimekritik spart, Wahl- und Pressefreiheit in der DDR fordert. Es ist eine Reise ohne Rückfahrkarte: Honecker & Co. verwehren dem ungeliebten Künstler die Rückreise in die Heimat. Erst Anfang 1989, kurz vor dem Fall der Mauer, darf Biermann wieder im Osten singen.

1977 **Schleyer von RAF-Kommando entführt**

„Deutschland im Herbst“: Ein Blutbad mit vier Toten hinterläßt das Terrorkommando der Rote-Armee-Fraktion (RAF) bei der Entführung des Arbeitgeberpräsidenten Hanns-Martin Schleyer in Braunsfeld am 5. September. Es ist der Höhepunkt des „Terrorherbstes“. Mit Schleyers Leben sollen Mitglieder der RAF aus dem Gefängnis freigepreßt werden. Doch die Regierung bleibt hart. Als eine Lufthansa-Maschine entführt wird, befreit die GSG 9 alle Geiseln. Die Terroristen sind am Ende, drei führende Köpfe der RAF begehen in Stammheim Selbstmord. Nach sechs Wochen des Martyriums wird Schleyer ermordet.

1978

29. April
Geißböcke glänzen im „Double"

Siegesrausch der Superstars: Im Sturm erobert der 1. FC Köln die beiden begehrtesten Trophäen des deutschen Fußballs, den DFB-Pokal und die Meisterschale. Hochspannung begleitet den letzten Spieltag der Bundesliga: „Nicht ganz fair, nicht ganz fein" wirkt das 12:0 des Titelverteidigers und härtesten Konkurrenten Mönchengladbach gegen Dortmund. Die Kicker um Harald Schumacher und Pierre Littbarski behalten die Nerven und schießen sich mit fünf Toren gegen St. Pauli in den Fußballhimmel. Hennes Weisweiler, der neue Trainer der Elf, wird als „Meistermacher" gefeiert.

1979

24. Februar

„Haie“ erneut Deutscher Meister

Zum zweiten Mal nach 1977 holt sich der Kölner Eishockeyclub (KEC) den Titel bei den Deutschen Meisterschaften. Nicht nur zwei fehlende Punkte sorgen in der Endrunde für Nervenkitzel. Auch der Rücktritt von Präsident Jochem Erlemann und der Weggang von Erich Kühnhackl, dem Star der Puckjäger, stehen unmittelbar bevor. Doch die Haie fangen sich schnell: Mit einem neuen Dream-Team spielt sich der KEC seit 1984 wieder an die Spitze des deutschen Eishockeys.

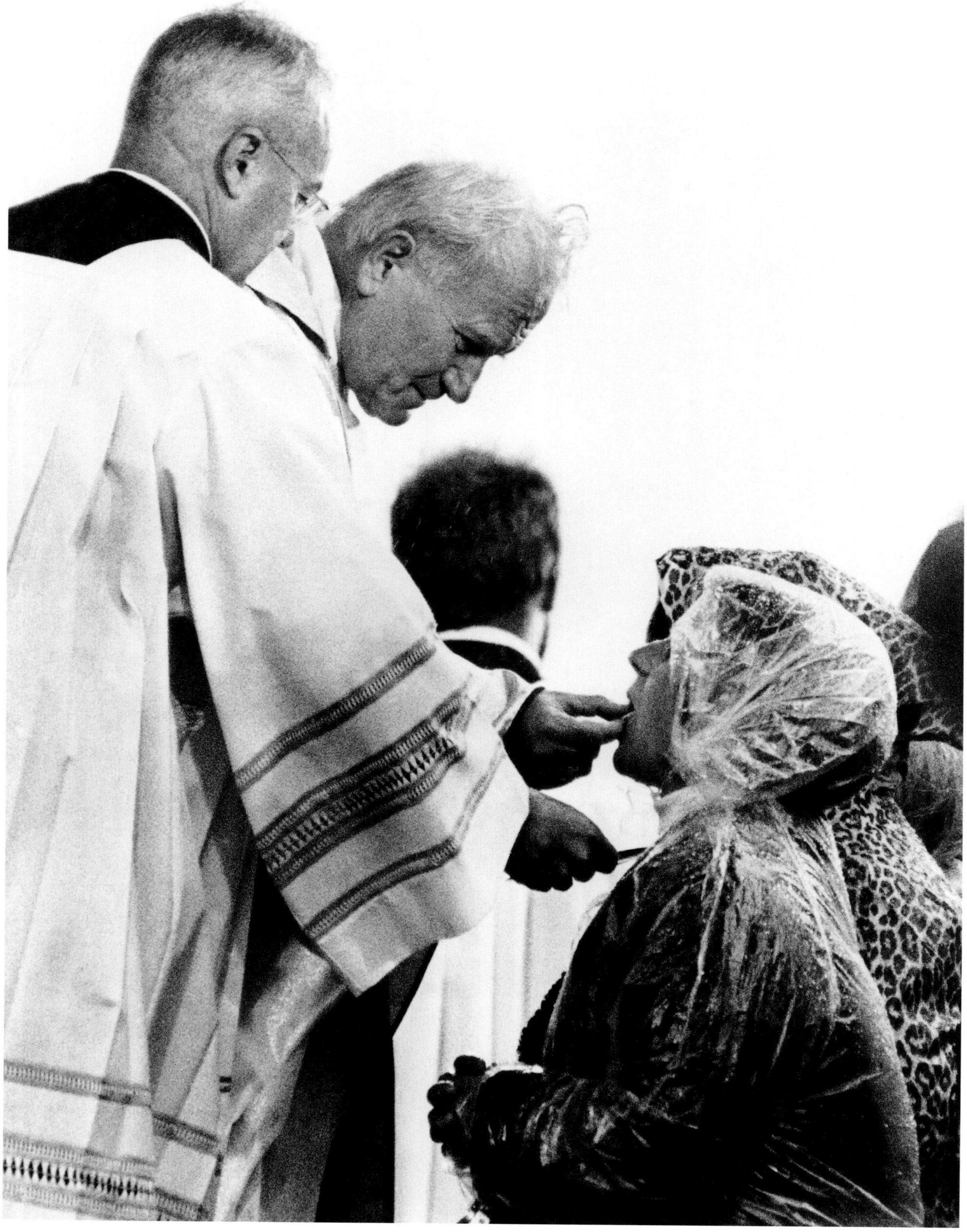

1980

15. November
Papst zu Gast in Köln

Großer Jubel beim Papstbesuch: Johannes Paul II. trifft zur 100-Jahr-Feier der Domvollendung in Köln ein. 380 000 Gläubige versammeln sich trotz strömenden Regens auf dem Butzweiler Hof, um seine Ansprache mitzuerleben. Das Papa-Mobil fährt den Heiligen Vater durch begeisterte Menschenmengen. Offizieller Anlaß des Besuchs ist der 700. Todestag des heiligen Gelehrten Albertus Magnus, an dessen Grab in St. Andreas der Papst ein Gebet spricht. Vor 6 000 Menschen ruft er anschließend im Kölner Dom zum Dialog zwischen Wissenschaft und Kirche auf.

1981 **Konflikt um Stollwerck-Fabrik**
Die ehemalige Schokoladenfabrik Stollwerck in der Südstadt, nun in den Händen der Stadt, soll abgerissen werden. Die Welle der Proteste hatte im Vorjahr einen Höhepunkt erreicht: 500 Menschen besetzten das Gelände und demonstrierten für den Erhalt als Wohnraum und Bürgerzentrum. Künstler siedeln sich an, Hallen werden zu Konzert- und Ausstellungssälen umfunktioniert. Mit der Räumung geht die Zusicherung einher, einen Großteil der Gebäude und den unter Denkmalschutz stehenden Anno-Saal zu erhalten. Doch nach und nach wird praktisch das gesamte Areal der Abrißbirne zum Opfer fallen.

1982 | **Der RP als Marathonmann**

Er läuft und läuft und läuft... Auf Schusters Rappen macht sich der sportliche Franz-Josef Antwerpes auf den Weg, einmal der dienstälteste Regierungspräsident zu werden. An Ausdauer und Zähigkeit mangelt es dem streitbaren „Kurfürsten" nicht, wenn es darum geht, auch unpopuläre Maßnahmen zu treffen. „Streng, aber gerecht" lautet seine Maxime bei Entscheidungen wie Tempo 100 auf dem Autobahnring. Bis Ende des Jahrhunderts wird Antwerpes sein Amt ausüben – und die Region mit Anekdoten unterhalten.

1983 | **Freundschaftsbesuch des Spaceshuttles „Enterprise“**

Faszinierend: Der „Trip nach Vulkanien“ rückt für die Besucher der „Enterprise“, einem echten NASA-Raumschiff, in greifbare Nähe. „Unendliche Weiten und neue Zivilisationen“ verheißt der Huckepack-Gleiter, der auf dem Rücken eines Jumbo-Jets am 20. Mai in Köln-Bonn einfliegt. Fünf Tage dauert der Freundschaftsbesuch der „Enterprise“ bei der Raumfahrt-Forschungsanstalt in Porz. Als Prototyp der Raumfähren „Columbia“ und „Challenger“ wird sie jedoch nie selbst ins All fliegen.

1984

10. Februar

Und immer wieder Hochwasser

Kölle Ahoi: Ein „Jahrhunderthochwasser" jagt in den 80er Jahren das nächste, verursacht durch Flächenversiegelung und Flußbegradigung am Oberlauf. Kaum sind die Millionenschäden vom Vorjahr, als die Fluten gleich zweimal in die Altstadt strömten, behoben, da steigt der Rhein erneut über die Neun-Meter-Marke. Als Konsequenz wird eine mobile Schutzmauer errichtet. Doch schon 1993 und 1995 übersteigt der unbezähmbare Fluß auch die zehn Meter hohe Mauer. Erneut kommt es zu dramatischen Überschwemmungen.

1985 **Jahr der romanischen Kirchen**
Eine reiche Handelsstadt ist Köln im Mittelalter, als die große Stadtmauer und zahlreiche Kirchen, darunter die zwölf großen romanischen, entstehen. Der Zweite Weltkrieg verwüstet viele dieser Gotteshäuser, unter ihnen St. Gereon (im Bild). Nach 40 Jahren sind der Wiederaufbau und die Restaurierung so weit abgeschlossen, daß das Jahr der romanischen Kirchen festlich begangen wird. Besonders der Förderverein um Hiltrud Kier und Günter Heidecke, hier mit Wilhelm Schlombs und Peter Fuchs, hat sich um den Wiederaufbau verdient gemacht.

1986 **Eröffnung von Museum und Philharmonie**

Eine neue Heimat für Lochner und Lichtenstein: Ein Haus für die Kunst muß her, fordern Peter und Irene Ludwig (im Bild mit Galerist Rudolf Zwirner), als sie 1976 der Stadt Köln eine Sammlung moderner Kunst vermachen. Diese Gabe ist nicht ohne Vorbild: Schon 1824 war die Sammlung des Kanonikus Ferdinand Franz Wallraf testamentarisch in den Besitz der Stadt übergegangen. Endlich ist es soweit: Als größter Museumsneubau Deutschlands öffnet das Wallraf-Richartz-Museum / Museum Ludwig nur einen Steinwurf vom Dom entfernt seine Pforten. Es vereint Kunst vom Mittelalter bis zum 20. Jahrhundert zusammen mit der Kölner Philharmonie unter einem Dach.

1987

Großer Empfang für Lady Di und Prinz Charles

Die Herzen der Kölner fliegen der jungen Frau an der Seite des englischen Thronfolgers Prinz Charles zu, als das Paar am 3. November von Oberbürgermeister Norbert Burger und Oberstadtdirektor Kurt Rossa begrüßt wird. Mit ihrem zauberhaften Lächeln betört die frühere Kindergärtnerin Diana Spencer die Menschen. Lady Di wird zum Medienstar der Royal Family, schnell entsteht der Mythos der Märchenprinzessin. Die Trennung von Prinz Charles im Jahre 1996 schockiert ganz England. Der tragische Unfalltod der „Königin der Herzen" ein Jahr später berührt die ganze Welt, auch die Kölner trauern um die „Rose of England".

1988

18. August
Gangster in der Breite Straße

„Reality-TV“ ohne Happy-End: „Draufhalten“ ist die Devise der Kameramänner und Fotografen beim Stop der Geiselnehmer von Gladbeck in der Breite Straße. Nach einer langen Verfolgungsjagd stehen sie plötzlich in der Kölner Innenstadt. Mit dem Revolver am Hals der 18jährigen Silke Bischof gibt Gangster Dieter Degowski den Reportern Interviews. Hilflos sieht die Polizei der Selbstinszenierung zu, die bereitwillig von den Medien mitgemacht und ausgekostet wird. Drei Stunden später endet die Irrfahrt im Kugelhagel: Silke Bischof ist tot.

1989

13. Juni
Kurzbesuch Gorbatschows

Der große Reformer aus dem Osten, der sowjetische Staatschef Michail Gorbatschow, wird zu einem Vortrag in der Kölner Industrie- und Handelskammer von IHK-Präsident Otto Wolff von Amerongen begrüßt. „Glasnost" und „Perestroika" – Offenheit und Umgestaltung – sind die Vokabeln des Kreml-Chefs, die letzendlich den „Eisernen Vorhang" zerreißen lassen. Am 9. November geschieht das Unfaßbare: Die Mauer zwischen den beiden deutschen Staaten fällt.

1990 | 21. Januar

Strip-Show startet bei RTL

„Eine Chance für die Liebe" heißt es noch züchtig auf Erika Bergers Sofa. In Hugo Egon Balders Show „Tutti-Frutti" geht es zur Sache: String-Tanga und Feigenblatt sind die Abendgarderobe der Hobby-Exhibitionisten, wenn bei Hugo alle Hüllen fallen. Mit Sex, Talk und Comedy geht der werbefinanzierte, nicht unumstrittene Privatsender, der seit zwei Jahren aus Köln überträgt, auf die Überholspur und dringt per Satellitenschüssel bald in jeden Haushalt vor.

1991 **11. Februar**
Stunker gegen den Golfkrieg

„Mir klääve am Lääve" tönt es aus dem Zugwagen der Stunksitzungsmacher unter der Severinstorburg. Zu einer Anti-Kriegs-Demonstration wird der Rosenmontagszug, den alternative Gruppen ins Leben rufen, als der offizielle Umzug wegen des Golfkriegs der UNO gegen den Irak abgesagt wird. Tausende wollen sich, mit den Worten von Jürgen Becker, „den Realitäten stellen und nicht an der Wirklichkeit vorbeischunkeln". Stunksitzung und Geisterzug werden Institutionen des alternativen Karnevals der 90er Jahre.

1992 **9. November**
„Arsch huh – Zäng ussenander"
Rock gegen Rechts: 100 000 Kölner drängen sich auf dem Chlodwigplatz, als BAP, Bläck Fööss und Co. am Jahrestag der sogenannten Reichskristallnacht zum Konzert „Arsch huh – Zäng ussenander" gegen Ausländerfeindlichkeit aufrufen. Auch Brings, die Höhner, L.S.E., Willy Millowitsch, Jürgen Becker und viele andere Kölner Gruppen prangern den wachsenden Rassenhaß in der Bundesrepublik an. Das Konzert wird zu einer überwältigenden Demonstration für Toleranz und Solidarität.

1993

Sammler rettet Kölner Markenzeichen

Ein Riesenkran rückt dem Schriftzug „4711“ zu Leibe, der seit 40 Jahren in luftiger Höhe am Kölner Messeturm prangt: Die Leuchtschrift mit dem Markenzeichen des „Echt Kölnisch Wassers“ muß nun dem Logo der Messe weichen. Einen der fast vier Meter hohen Schriftzüge kann Sammler Hermann Götting vor der Schrottpresse retten. Pate für das weltbekannte Signet stand die Hausnummer der Firma Mülhens in der Glockengasse, die sie während der französischen Besetzung des Rheinlands (1794–1814) erhalten hatte.

1994 **Alice Schwarzer und Kardinal Meisner beim Neujahrsempfang**
Jeder Jeck ist anders: Das „Klima von Gelassenheit und Selbstironie" sei es, was sie an Köln so schätze, hat Alice Schwarzer, Herrin des „Turms der Frauen", des Kölner Frauenarchivs, einmal gesagt. Auch wenn „der kleine Unterschied" zwischen der Feministin und dem Erzbischof nicht größer sein könnte, fühlen sich die „Emma"-Mutter und der geistliche Vater zahlreicher Katholiken ganz offensichtlich wohl auf dem Parkett kölscher Toleranz. In einem Punkt ist man sich einig: „Mer losse d'r Dom en Kölle".

1995

7. Oktober
Goodbye, Trude Herr!

Vier Jahre nach dem plötzlichen Tod der „Ulknudel" veranstaltet der WDR ein Gedenkkonzert für Trude Herr auf dem Roncalli-Platz. Die ganze Kölner Musikszene hat sich versammelt, um der Volksschauspielerin und Autorin zu huldigen. Zu einem sehr bewegenden Moment für die Künstler und Zuschauer wird die Videoeinspielung des letzten Fernsehauftritts der kölschen Diva. Mit Tommy Engel und Wolfgang Niedecken singt sie noch einmal ihr Abschiedslied „Niemals geht man so ganz".

1996 | 14. September

10 Jahre Kölner Philharmonie

Mozart und Flamenco, Jeans und Abendkleid, Student und Vorstandsvorsitzender begegnen sich seit zehn Jahren in der Kölner Philharmonie. Offenheit ist eines der Grundprinzipien des Mannes, den sie „FXO“ nannten. Neben das große Sinfoniekonzert hat Intendant Franz Xaver Ohnesorg den Liederabend gestellt, Jazz und Tango, Musical und Kölsche Tön erklingen lassen, die Kategorien von E- und U-Musik verwischt. Am Ende des Jahrtausends muß Köln den vollendeten Gastgeber an die New Yorker Carnegie Hall ziehen lassen.

1997

5. Dezember

„Bio" zu Gast bei Harald Schmidt

Der Chef-Gentleman unter den Kölner Talkmastern trifft auf den Chef-Lästerer. Zum zweijährigen Bestehen der „Harald-Schmidt-Show" auf SAT1 steigt Alfred Biolek bei „Dirty Harry" in den Ring. Es ist mehr als die Begegnung zweier Stile: Zwei Welten, die öffentlich-rechtliche und die der privaten Sender, treffen aufeinander. An dieser Schnittstelle entfaltet sich die Medienstadt Köln. Erst die Koexistenz von WDR und RTL, Vox und Viva, Medienforum, Popkomm, Comedy- und anderen Festivals machen die Domstadt zur Medienmetropole.

1998 **Die Kölnarena – Deutschlands größte Konzert- und Sporthalle**
Am 15. Oktober wird die Kölnarena als Veranstaltungshalle der Superlative mit einem Konzert des Startenors Luciano Pavarotti eröffnet. Zu einem neuen Wahrzeichen Kölns wird das „Henkelmännche“ mit seinem 76 Meter hohen, leuchtenden Stahlbogen, der das Bauwerk weithin sichtbar überspannt. 18 000 Zuschauer faßt der gläserne Veranstaltungssaal, hier bei einem Konzert der Rockgruppe Aerosmith. Die multifunktionale Arena kann in weniger als vier Stunden in eine Sporthalle mit versenkbarer Eisfläche umgerüstet werden.

1999 **Das ist der Gipfel: Doppelgipfel und Skandale**

Die mächtigsten Staatschefs der Welt treffen im Juni zu EU- und Weltwirtschaftsgipfel in der Rheinmetropole zusammen. Begeistert begrüßen die Kölner US-Präsident Bill Clinton, der sich ins Goldene Buch der Stadt einträgt. Doch der Gipfel der Gipfel ist der Skandal um Oberstadtdirektor Dr. Klaus Heugel (rechts), der nach einer Aktien-Affäre von seiner Kandidatur als Nachfolger von Oberbürgermeister Norbert Burger zurücktritt. Nach 43 Jahren der SPD-Regierung bricht für Köln ein neues Zeitalter an.

Fotonachweis

1900
RBA

1901
RBA

1902
HAStK

1903
Deutz AG

1904
Sammlung Ditgen

1905
Sammlung Ditgen

1906
Sammlung Ditgen

1907
Sammlung Schlieter

1908
RBA

1909
Sammlung Ditgen

1910
RBA

1911
RBA

1912
HAStK / Carl Ibscher

1913
Sammlung Schlieter

1914
Redaktionsarchiv M. DuMont Schauberg

1915
RBA / August Kreyenkamp

1916
Sammlung Ditgen

1917
Sammlung Ditgen

1918
RBA

1919
Imperial War Museum, London

1920
Archiv Foto Morchel

1921
RBA

1922
Stiftung Deutsche Kinemathek

1923
RBA

1924
RBA

1925
RBA

1926
Harenberg Verlag, Dortmund

1927
Ullstein

1928
RBA

1929
RBA

1930
Sammlung Ditgen

1931
Ford-Werke AG

1932
HAStK

1933
RBA

1934
AKG

1935
Sammlung Schlieter

1936
RBA

1937
HAStK / Helmut Koch

1938
RBA

1939
Josef Jeiter

1940
Theo Felten

1941
Ullstein

1942
RBA

1943
AKG

1944
RBA / Peter Fischer

1945
HAStK

1946
Walter Dick Archiv

1947
Walter Dick Archiv

1948
Max Wette / HAStK

1949
Ständige Leihgabe Hermann Claasen im Rheinischen Landesmuseum Bonn

1950
dpa

1951
Verkehrsamt Köln / Hermann Claasen

1952
AP

1953
Willy Millowitsch Archiv

1954
Peter Fischer / HAStK

1955
Renate Seydel

1956
WDR Archiv

1957
Peter Fischer / HAStK

1958
Dt. Hist. Museum

1959
Hansherbert Wirtz

1960
Hansherbert Wirtz

1961
Hansherbert Wirtz

1962
HAStK

1963
Alfred Koch

1964
Keystone

1965
Alfred Koch

1966
Wiersch / Globus Press

1967
Heinz Held / Museum Ludwig

1968
dpa

1969
Jochen Dziedzic

1970
Angelika Platen

1971
Pressebilderdienst Horst Müller

1972
dpa

1973
Jochen Dziedzic

1974
Hansherbert Wirtz

1975
Heinz Held

1976
Jochen Dziedzic

1977
F. W. Holubovsky

1978
Hansherbert Wirtz

1979
Pressebilderdienst Horst Müller

1980
Hansherbert Wirtz

1981
Eusebius Wirdeier

1982
Archiv Bezirksregierung Köln

1983
Hansherbert Wirtz

1984
KölnTourismus Office / Rudolf Barten

1985
Alfred Koch

1986
Alfred Koch

1987
dpa

1988
AP

1989
Hansherbert Wirtz

1990
RTL

1991
Rolf Georg Bitsch

1992
Peter Gauger

1993
F. W. Holubovsky

1994
Hansherbert Wirtz

1995
WDR / Hohl

1996
Katharina Bosse

1997
Ralf Jürgens

1998
Thomas Brill

1999
Willi Schockhoven

AKG	Archiv für Kunst und Geschichte, Berlin
AP	Associated Press
dpa	Deutsche Presse-Agentur
HAStK	Historisches Archiv der Stadt Köln
RBA	Rheinisches Bildarchiv Köln

Herausgegeben im 50. Jahr des Bestehens des
Druck- und Verlagshauses Wienand in Köln
von Michael Wienand

Die Deutsche Bibliothek – CIP-Einheitsaufnahme

100 Jahre – 100 Bilder : Köln im 20. Jahrhundert /
hrsg. von Michael Wienand – Köln : Wienand, 1999
ISBN 3-87909-673-2

Konzeption: Michael Wienand, Jost Dülffer,
Michael Euler-Schmidt

Redaktion / Lektorat: Susanne Brandau,
Martina Dammrat, Carl Dietmar

Texte und Bildredaktion: Tanja Ohde
Gestaltung: Ute Lübbeke

Lithographie: Art Publishing, Troisdorf

Gedruckt auf LuxoSamtoffset, holzfrei weiß matt
gestrichen Bilderdruck, mit 1,1-fachem Volumen,
150 g/m². Exclusiv von Schneidersöhne

Gesamtherstellung:
Druck- und Verlagshaus Wienand GmbH

ISBN 3-87909-673-2

Umschlaggestaltung: Christian Padberg, Bonn,
unter Verwendung einer Fotografie von
Alfred Koch, 1963

Alltagsleben auf dem Eigelstein Anno 1880. (Fotos: Rheinisches Bildarchiv Köln)

7/1. 2015

Licht aus: Die Beleuchtung des Doms wurde zur „Kögida"-Demo abgeschaltet. (Foto: Schmülgen)

Gespenstisches Bild: Die Beleuchtung des Doms ist abgeschaltet worden, das Altstadtufer blieb dunkel. Viele Unternehmen hatten sich der Aktion angeschlossen. (Fotos: Schmülgen)